Room Shoes

ルームシューズ の 本

靴木型から作った 15 サイズのパターン

坂内 鏡子

文化出版局

Contents

わたしのルームシューズ作り

「できるだけ簡単に完成度の高いものを作れたら、
手作りする喜びをたくさんの人に感じてもらえるのに……」
そんなことを考えながらわたしのルームシューズ作りは始まりました。

まず、ルームシューズは靴下や足カバーではなく "靴" と考えて、歩く
機能と安全性も大切にしてデザインしました。

そしてパターンナーの経験や、靴作りで学んだことを活かして、靴の木
型から立体裁断で、足にしっかりなじむ履き心地のよいパターンを作り
ました。
家族みんなで使えるように、サイズは15サイズ用意しています。
素材も通気性やクッション性だけでなく、作りやすくすっきり仕上がる
ことにこだわって集めました。

この本でご紹介の作り方は3タイプ。ハンドステッチで作れるもの、パ
イピングで仕上げるものは持ち運びに便利な簡易タイプ。そして本格的
なルームシューズが作れるステッチ＆ターン。
足にフィットするパターンですから、靴のようにソール（底）も、アッ
パー（甲）も左右対称ではないのですが、合い印をきちんと合わせて縫
い進めればいいように仕立てるための工夫もしました。

暮しの中で、毎日きちんと働いてくれるものを自分の手で作れる喜びを、
たくさんの人に伝えられたらうれしいです。

坂内 鏡子

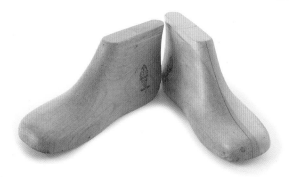

難易度：1

フェルトと皮革に
ハンドステッチ

切りっぱなしで使える皮革やフェルトに穴をあけ、
簡単なステッチで組み立てる、
クラフト感覚で作るルームシューズです。
ミシンを使わない手軽さがうれしい。

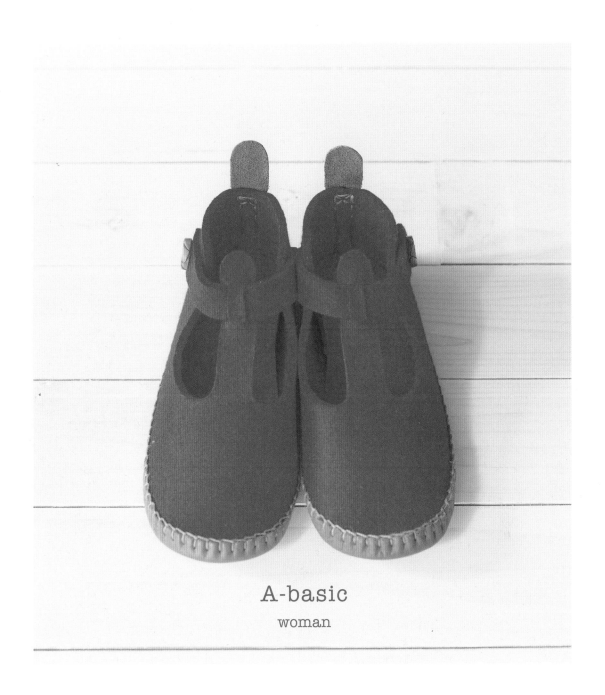

A-basic
woman

T ストラップシューズ

北欧風な表情は、あったかなフェルトと皮革の組合せだから。
つま先がすっと上を向いて土踏まずにフィットする、
見るからに履きやすいパターン。

作り方：P.32

A-1 woman
レースアップシューズ

深めのスリットをひもで編み上げてとめる、
スタイリッシュなデザイン。
アッパーもソールもフェルトで、暖かさも抜群です。

作り方：P42

A-1　kid

アレンジ レースアップシューズ

小さな子ども用も同じ形で、
ひもの代りにボタンにゴムテープをかけてとめました。
アウトソールにすべり止めの皮革パッチを。

作り方：P42

A-2 man, woman

フェルトと皮革の暖かフラットシューズ

アッパーに、切替え線のようにステッチを入れました。
皮革とフェルトのコンビネーションが作るきれいなフォルムを、
手縫いを楽しみながら仕上げてください。

作り方：P.43

A-3 woman

ブーツ

足首まで暖かいルームブーツがあると、冬が待ち遠しくなりそう。
ツートーンの柔らかな皮革も穴をあけて、
ハンドステッチで組み立てていきます。

作り方：P.44

難易度：2

パイピングで
仕上げる

アッパーとソールを別々に作り、
重ねてから回りをぐるっとテープでくるんで
仕上げるルームシューズです。
クッションが少なめで、コンパクトにたためるので、
旅行などの持ち運びにも便利。

B-basic

man, woman

ウールのあったかシューズ

寒い季節の旅に連れて行きたいシューズ。
ウールは暖かく、仕立て映えのする素材。
パイピング用の二つ折りになるテープを使うと簡単です。

作り方：P.35

B-1 woman

ピンドットのバックベルトシューズ

クラシックなピンドットのシューズの内側に、
はっとするようなピンクレッドのソールの布使いが楽しい。
バックベルトのゴムテープで足にフィットさせます。

作り方：P.46

B-2 woman

ギンガムチェックの後ろリボンシューズ

麻素材の心地よさは、素足に履いて実感したい。
旅先のルームシューズには、
陽気な気分になれる赤のギンガムチェックを選んで。

作り方：P.47

B-3 woman
パイピングのオープントゥシューズ

オープントゥもパイピングですっきり仕上げて。
パイピングのテープをフロントでリボン結びにして、
足にしっかりフィットさせます。

作り方：P.48

難易度：3

ステッチ＆ターンで作る

縫っては返し、また縫ってひっくり返す。
ちょっと聞き慣れない "ステッチ＆ターン" は
スリッパなどの縫製方法、すっきりと仕上がります。
底に厚いクッションを入れる、
長時間の立ち仕事にも疲れない本格的な履き心地です。

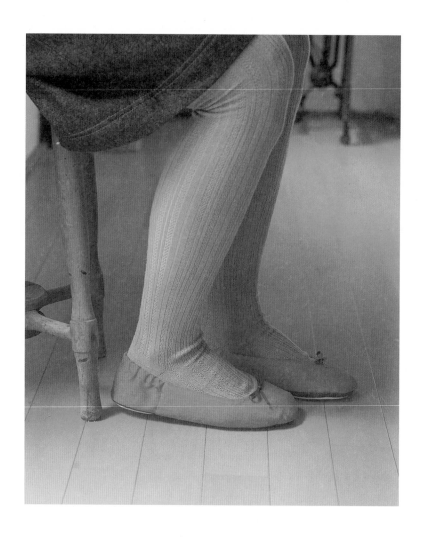

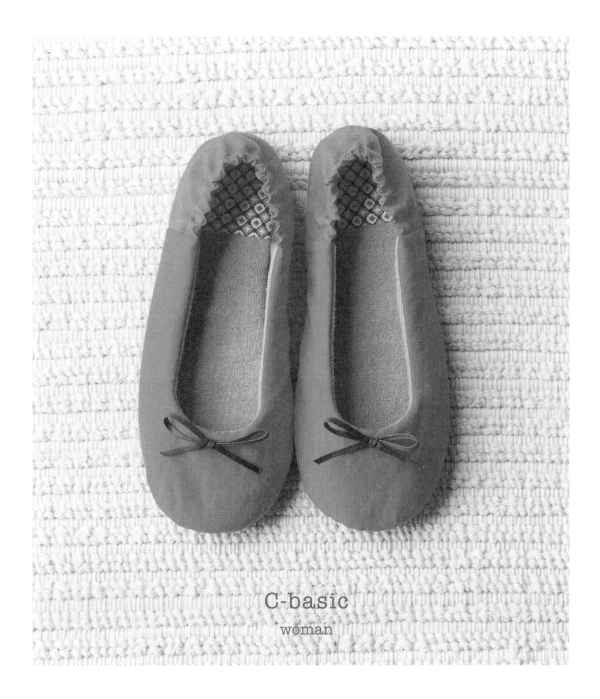

C-basic
woman

グログランのバレエシューズ

人気のバレエシューズ。
かわいい色やプリントも家の中だからこそ楽しみたい……。
中底のかかとの部分にビンテージクロスをはって。

作り方：P.38

C-1 woman

別珍のバレエシューズ

黒の別珍に、同色のリボンをアクセントにとめつけた
大人顔のバレエシューズ。
中底にはきれいな花プリントで脱いだ姿もおしゃれに。

作り方：P.50

C-2 woman

ソレイアードのスリットシューズ

ちょっとエスニックな雰囲気の、
履き口を V 字に開けたシューズ。好きな布で作ってみてください。
これはネガポジの布使いで。

作り方：P.51

C-3 man, woman

リネンのフラットシューズ

少し深めで、しっかり甲を包む安定感のあるフラットシューズ。
どんな動きにもついてきてくれます。
新生活を始める二人への贈り物にも。

作り方：P.52

C-4 woman, kid

ストライプのスリッパ

おそろいがうれしい、手作りがうれしい。
メンズライクなストライプで甘さを抑えたペアに。
革の滑り止めをつけているので安全。

作り方：P.53

C-5 kid

スモッキングのスリッパ

ギンガムチェックの布に2段、
ダイヤモンド・スモッキングでギャザーを寄せました。
おんなのこが大好きなスイートなピンクで。

作り方：P.54

for baby
ベビーのために

あかちゃんにこそ、きちんと靴のフォルムのある
ルームシューズを履かせてあげたいと思います。
つま先が上がっていて、つまづきにくく、
歩きはじめの足取りをサポートしてくれます。

A- baby

ストラップシューズ

あかちゃんに会える日を思い浮かべながら針を運ぶ幸せ。
ソフトなフェルトと柔らかな皮革で作るファーストシューズです。

作り方：P.45

B-3 baby

パイピングのオープントゥシューズ

小さな足にしっかり固定できて安心な、フロントでリボン結びをするシューズ。
優しい薄手の麻で作って、ベビーのためのプレゼントに。

作り方：P.48

作り始める前に

1. 作り方別に3つのタイプにわかれています

	Type A フェルトと皮革にハンドステッチ	Type B パイピングで仕上げる	Type C ステッチ＆ターンで作る
特徴	切りっぱなしで使えるフェルトや革を使い、アウトソールを立ち上げてブランケット・ステッチで仕上げます。	アッパーとソールをテープでくるんで作ります。軽く、コンパクトにたためるので、持ち運びにも便利です。	縫ってひっくり返すことで、縫い代が外に出ない構造。厚手のクッションが入るので、履き心地がよく、本格的なルームシューズです。
適した素材	**アッパーとソール：** 3mm厚のフェルトや中厚（1.2〜1.4mm）の牛表革やスエード。ソールに使う革は滑りにくいものを ＊ソールをフェルトで作るときは、A-1のように滑り止めの革をつけるといいでしょう。 **底芯：**約0.8mm厚の豚床革かヌメ革	**表布：**ほつれにくい、薄手か柔らかい生地 **中底などの裏布：**ニットなどの柔らかい生地 **底芯：**ドミット芯、薄手のコットンのキルト綿、コットンフランネルなど **外底：**薄手の合皮や革	**表布：**ほつれにくい生地で、薄手のものから11号帆布程度の厚さのもの。サイズが17以下のものは薄手の生地を使いましょう **中底などの裏布：**パイルや天竺など伸縮する素材 **外底：**デニムなどの針通りのいい生地 **底用革：**約1.2mm厚のベロア革やスエードなど滑りにくいもの
難易度	① ② ③	① ② ③	① ② ③

作り方のポイント

1. 布の地直しをしましょう

裁断前に生地を縮ませ、洗濯時の縮みを防ぎます。水が均等にしみ込みやすいように生地をびょうぶ折りにたたみ、一晩水につけ、繊維の内部までしっかりと水を浸透させます。洗濯機で軽く脱水し、布目を直角に整えて、物干しざおに裏返しにかけて陰干しします。このとき斜めに動かさないように気をつけます。半乾きの状態で、地の目（たて糸）方向と垂直（よこ糸方向）を整えながらアイロンを当て、布目を整えます。

2. フェルト裁断のコツ

パターンの印をつけるときは、薄くといだチョークを立て、細い線を引きます。
裁断は、はさみを垂直にしてチョークの線を切り落とすように線の内側を裁ちます。カーブは左手でフェルトのほうを動かすようにするといいでしょう。

3. まち針の打ち方

縫い合わせるときは、合い印を合わせてまち針を打って縫います。まち針は、縫い線の上で縫い線に対して直角になるように打ち、下布をほんの少しだけすくうようにします。例えば、5mmの縫い代の場合は布端から5mmのところをすくいます。

2. ルームシューズの各部の名称

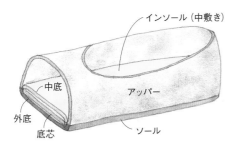

足の上になる部分が「アッパー」、下になる部分が「ソール」です。この本のルームシューズは、「ソール」は基本的に3層で構成され、足裏の触れる部分は、TypeAでは「インソール」、TypeB、Cでは「中底」、床に触れる部分が「外底」、その間に「底芯」が入っています。「インソール」はシューズが完成した後に中に入れる中敷きになります。

3. 革加工のための道具

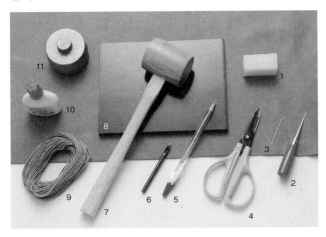

1) **みつろう** 麻糸をろう引きして丈夫にします。
2) **目打ち** 縫い目を整えるときなどに使います。
3) **革用針** 糸の太さに合わせて選びます。刺繍針などでも可。
4) **革切りはさみ** 革を切るときに使います。
5) **銀ペン** 革に印をつけるときに使います。油性のボールペンなどでも可。
6) **ポンチ** ここでは直径0.9mmくらいがいいでしょう。
7) **木づち**
8) **ゴム板** ゴム板を敷き、ポンチを木づちでたたいて革に穴をあけます。
9) **麻糸** 縫っている間によりが緩くなったときは、針を回してよりを戻して縫います。
10) **木工用ボンド** 革の仮どめなどに使います。
11) **文鎮** 印をつけたり穴をあける際、パターンを固定するときに使います。

4. ミシンの縫い方

布端を縫い代幅のミシンの針板のガイド線に合わせて縫います。例えば、縫い代が1cmのときは1cmのガイド線に布端を合わせて縫います。ガイド線がない場合は、針板にテープなどをはり、針穴からの距離をはかってガイド線を引いておきます。

この方法によって、出来上り線にチョークの線や切りじつけをする必要がありません。縫製工場などで使われる縫い方で、早くきれいに仕上げることができます。

5. ろう引きについて

みつろうと親指の間に麻糸をはさみ、ゆっくりと引きます。ろう引きをすることで、よりが緩みにくくなり麻糸が丈夫になります。みつろうがない場合は、ろうそくでもいいです。

6. お手入れ方法について

Type A けば立ちやベロア革の汚れは真ちゅうブラシでこするとよく取れます。水洗いは避けましょう。

Type B 底が合皮なら水洗いができます。中性洗剤で軽く手洗いし、軽く脱水をかけて形を整えて干します。

Type C TypeBと同様に洗えますが、底用革は洗剤により硬くなったり多少劣化することがあります。

Type A

フェルトと皮革にハンドステッチ

A-basic P.4　**Tストラップシューズ**

材　料

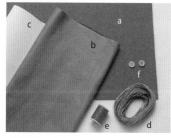

size22〜24

a）アッパー・インソール：
　　フェルト3mm厚　60×38cm
b）**外底**：牛なめし革　中厚　25×42cm
c）**底芯**：豚床革　21×28cm
d）麻手縫い糸　太　適量
e）手縫い糸　適量
f）ボタン　直径1.5〜2cm　2個
・その他に、木工用ボンドなど。

裁合せ図

フェルト

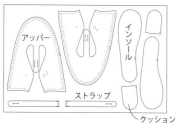

牛なめし革　　**豚床革**

作り方

1．パターンに穴をあける

アッパーと外底、ストラップのパターンの針穴位置にポンチを垂直に当て、木づちでたたいて穴をあける。ストラップやボタン、底芯の位置の合い印にもあける。

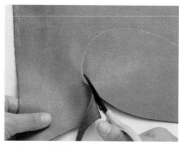

2-2）ペンの線を切り落とすようにカットする。

2-4）外底に穴があいた。

2．ソールを作る

2-1）外底用革の上にパターンを置き、ペンで外回りの印をつける。

2-3）外底の革の表面にパターンを置いてクリップでとめ、**1**と同様に針穴位置に穴をあける。合い印は、穴をあけず革の裏面にペンで写す。

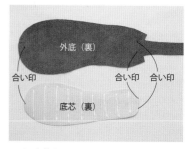

2-5）底芯をカットし、裏面に木工用ボンドをすじ状に塗る。

2-6）合い印を合わせ、はり合わせる。革が反り返らないよう、電話帳などの重しをのせて乾かす。

3．フェルトを裁断する

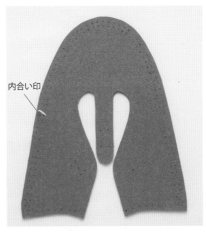

内合い印

3-1）フェルトの上にパターンを置いてチョークで外回りの印をつけ、カットする。

3-2）カットしたフェルトの上にパターンを置いてクリップでとめ、革と同様に針穴の穴をあける。ストラップ位置、ボタン位置にも穴をあける。アッパーの内合い印にしつけ糸などで印をつけておく。

4．アッパーのかかとをはぎ合わせる

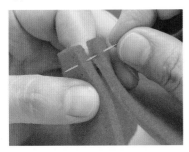

4-1）かかとどうしを突き合わせてフェルトの厚みの半分くらいをすくい、内側から糸が見えないように縫う。
＊わかりやすいように糸の色を変えています。

4-2）すきまができないようにしっかりと糸を引き、はぎ合わせる。

5．アッパーとソールを縫い合わせる

5-1）左右を間違えないよう、内合い印を合わせて組み合わせる。麻糸の端に玉結びを作り、アッパーの玉どめ用の穴に針を入れ、右斜め上の穴から針を出し、ブランケット・ステッチをしていく。
※麻糸は、縫う距離×3＋30cmにカットし、ろう引きしておく。

ブランケット・ステッチ

1）ソールの端の穴に針を入れアッパーの下の穴から上の穴に針を通す。

2）しっかりと糸を引く。

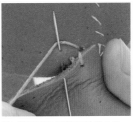

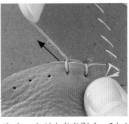

3）隣の穴も同様に針を入れ、糸を渡して針を抜く。

4）しっかりと糸を引く。3と4を繰り返す。

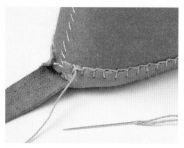

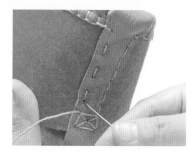

5-2）ソールの端までブランケット・ステッチをする。内合い印のしつけを取る。

5-3）糸は切らずに、かかとのはぎ目をおおうように革を立ち上げ、いちばん下の穴に針を入れる。

5-4）次の穴から針を出してその次の穴に針を入れる、を繰り返してステッチ。反対側の端の穴まで行ったら、ブランケット・ステッチの縫始めのフェルトの穴に針を通して帰る。はき口の部分は×印になるようにステッチ。

ステッチの縫い順

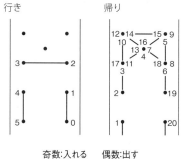

行き　　帰り

奇数：入れる　　偶数：出す

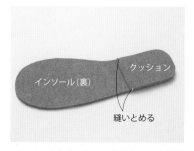

5-5）最後はステッチの糸をすくって玉結びを作り、糸を切る。

5-6）かかとのステッチ。アッパーとソールが縫い合わされた。

6.ストラップをつける

ストラップをつけ、ストラップ通し口をはさみで切ってストラップを通す。

7.インソールを作る

インソールとクッションを重ね、2か所縫いとめる。クッションを下にしてシューズの底に入れる。

8.ボタンをつける

履いて位置を確認し、ボタンをつけてボタンホールの切込みを入れる。ボタンホールの幅は、ボタンの直径＋ボタンの厚み。

出来上り

Type B

パイピングで仕上げる

B-basic P.12　**ウールのあったかシューズ**

材料

【man】size25〜27

a）**表布**：圧縮ウール　53×34cm
b）**裏布**：天竺ボーダー　80×34cm
c）**外底**：合皮　26×32cm
d）**ドミット芯**　75×41cm
e）**ソフトゴムテープ**　10コール
　　長さはサイズ別に61ページに記載
f）**縁とりテープ**　約2cm幅220cm
・その他に、スプレーのり、ミシン糸など。

【woman】size22〜24

・**表布**：ウールチェック　46×30cm
・**裏布**：かのこ　70×30cm
・**外底**：合皮　24×30cm
・**ドミット芯**　65×37cm
・**ソフトゴムテープ**　10コール
　　長さはサイズ別に61ページに記載
・**縁とりテープ**　約2cm幅210cm
・その他に、スプレーのり、ミシン糸など。

パイピング用のテープには、ここで使った
メートライン（最下段）の他に、上からグロ
グランテープ、杉綾テープ、バイアステープ
などもおすすめです。

裁合せ図

表布とドミット芯と裏布をはり合わせたもの

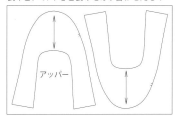

アッパー

ドミット芯

底芯

クッション

裏布

合皮

中底

外底

作り方

1.アッパー布をはり合わせる

アッパー裏布（裏）

1-1） アッパーの裏布の裏面にスプレーの
りを軽く吹きかける。においが強く、周囲
に飛び散るので、ベランダなどの外で行な
うといい。

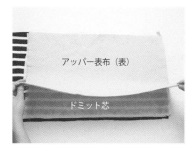

アッパー表布（表）

ドミット芯

1-2） ドミット芯をのせて軽く押さえる。
その上にまたスプレーのりを吹きかけ、表
布の表面を上にして重ねる。

1-3） 中心から外側に向かって手のひらを
滑らせるようにして、軽く押さえる。平ら
なところに置いたまましっかりと乾かす。

2．アッパーを作る

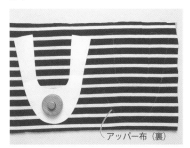

2-1） 1で作ったアッパー布にパターンを置き、チョークで印をつける。合い印は表側に写しておく。

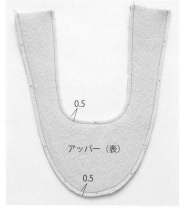

2-2） アッパー布をカットし、アッパーの外回りとはき口回りを0.5cmで縫い、3枚の布がずれないようにする。

3．ソールを作る

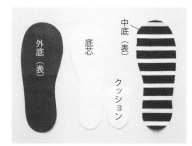

3-1） 外底（合皮）、底芯とクッション（ドミット芯）、中底（裏布）をカットする。

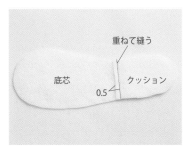

3-2） 底芯にクッションを重ねて縫う。

3-3） 外底の裏面に底芯をのせ、中底を表面を上にして重ねる。

3-4） 外底と中底の合い印を合わせて、外回りを0.3cmで縫う。合皮を上にして縫う。

4．アッパーを組み立てる

4-1） アッパー裏側のはき口の縫い目にテープの端を合わせてまち針でとめる。

4-2） テープの際にステッチをかける。
＊わかりやすいように糸の色を変えています。

4-3） テープを半分に折ってはき口をくるみ、表側から際にステッチをかける。

4-4） はき口にゴムテープを通す。両端から1cm出した状態で、ミシンで縫いとめる。
＊ゴムテープの長さはP.61参照。

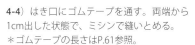

4-5）アッパーのかかとを中表にして縫い代0.5cmで縫う。縫い代は割り、ゴムテープの端をカットしておく。

4-6）テープを15cmくらいにカットし、アッパーのかかととのはぎ目と中表に合わせ、かかとのはき口に縫いとめる。

4-7）テープを表に返し、かかととの縫い代をおおうように当て、底側とはき口を縫いとめる。テープの左右の際にステッチをかける。テープの余分はカットする。

5．アッパーとソールを縫い合わせる

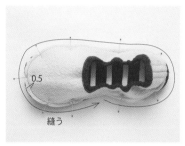

5-1）合い印を合わせてソールとアッパーを重ね、まち針でとめる。外回りを縫い代0.5cmで縫い合わせる。合皮を上にして縫う。

5-2）テープの中心線を布端に合わせて、まち針でとめる。

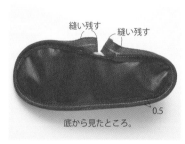

5-3）アッパーを上にして、縫い代0.5cmで縫う。始めと縫終りは、テープを残して4cmくらいあけておく。

5-4）縫い残した長さに合わせ、テープの端どうしを突き合わせてまち針でとめて縫い、テープをつなぎ合わせる。

5-5）テープの縫い代を割って、残りを縫い合わせる。

5-6）はき口と同様にテープでくるみ、際にステッチをかける。

出来上り

Type C

ステッチ&ターンで作る

C-basic P.18　グログランのバレエシューズ

材　料

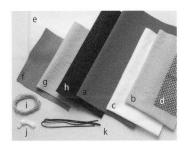

size22〜24

a）表布：グログラン　84×25cm

b）裏布：パイル　35×52cm

c）芯：ネル　35×52cm

d）かかと用布：コットンプリント
　　18×10cm

e）接着芯：中厚〜厚手の不織布のもの
　　90×65cm

f）底用革：ベロア革　16×20cm

g）外底：8〜10オンスデニム
　　24×30cm

h）底芯：フェルト　3mm厚　38×28cm

i）麻手縫い糸　太　約4.5m

j）ソフトゴムテープ　10コール
　　長さはサイズ別に63ページに記載

k）ワックスコード　平3mm幅約45cm

・その他に、木工用ボンド、スプレーのり、
　ミシン糸、手縫い糸など。

裁合せ図

　接着芯をはるところ

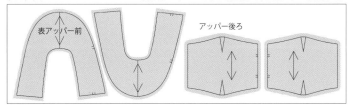

グログラン　　　　　接着芯にパターンを写して粗裁ちし、生地にはって裁断する。

表アッパー前　　　　アッパー後ろ

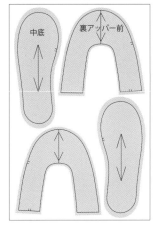

パイルとネルをはり合わせたもの

中底　　裏アッパー前

デニム

外底

フェルト

底芯
2枚

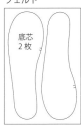

コットンプリント

かかと
用布

ベロア革

底用革

作り方　　＊作り方写真では、わかりやすいように糸の色を変えています。

1.底用革を作る

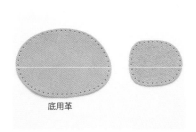

底用革

ベロア革を裁断し、針穴の穴をあける。
（＊穴のあけ方はP.32参照）革の裏面にペ
ンで合い印をつけておく。

2.裏地を作る

裏地（表）

パイル（表）

ネル

パイルの裏面にネルをスプレーのりではり
合わせる。　（＊はり方はP.35参照）

3.アッパーとソールを裁断する

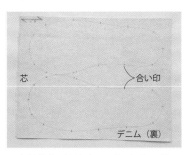

芯　　　　　　合い印

デニム（裏）

3-1）接着芯に油性ボールペンなどでパター
ンを写して粗裁ちし、布地の裏面にはる。合
い印やダーツの線も忘れず写す。接着芯は、
中温のアイロンで当て布をして上から押さえ
るようにはる。

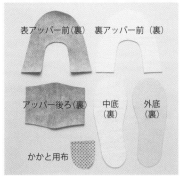

表アッパー前（裏）　裏アッパー前（裏）

アッパー後ろ（裏）　中底（裏）　外底（裏）

かかと用布

3-2） アッパーとソールをカットする。芯にパターンを写してからはることで、簡単で正確に作ることができる。かかと用布は芯ははらずにカットする。

4．外底を作る

外底（表）

合い印を合わせる

ボンドは針穴にかからないように

4-1） 底用革の裏面に木工用ボンドを薄く塗り、外底の表面にパターンをのせて位置を確認して革をはる。

バック・ステッチ

4-2） ボンドが完全に乾いてから、麻糸を4等分にカットしてろう引きし、バック・ステッチで革を縫いつける。その後、縫い目を木づちなどでたたいて落ち着かせる。

バック・ステッチ

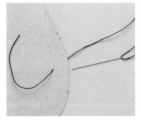

縫始め） 裏面から針を入れ、糸端を5cmくらい残しておく。

1） 1つ手前の穴に針を入れる。

2） 2つ先の穴から針を出す。

3） 1と2を繰り返す。

縫終り） 最後までステッチしたら、始めに残しておいた糸と固結びをする。

5．中底を作る

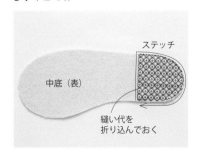

ステッチ

中底（表）

縫い代を折り込んでおく

かかと用布のつま先側の縫い代1cmを折って、中底の表側に縫いつける。

6．底芯を作る

6-1） フェルトにパターンの印をつける。後で底芯をソールに差し込む際に定規を挿せるように、硬くて長さ30cmくらいの定規を中心に当てて印をつける。足幅より細い定規を使い、定規の端がかかとで止まるようにする。

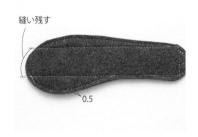

縫い残す

0.5

6-2） フェルトを2枚重ねて定規の線を縫い、つま先を残して外回りを0.5cmで縫う。

7．アッパーの前側を作る

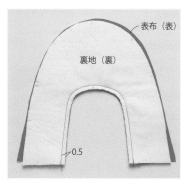

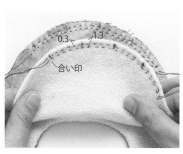

7-1） 表布と裏地を中表に合わせて、はき口を縫い代0.5cmで縫う。カーブ部分の縫い代に切込みを入れる。

7-2） アッパーを表に返して合い印を裏地の表面に写し、つま先の端の合い印から反対側の合い印まで、2本ぐし縫いをする。表布も同様にぐし縫いをする。

8．アッパーの後ろ側を作る

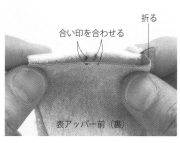

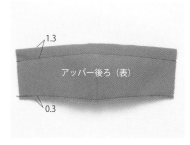

8-1） ダーツを縫い、縫い代に切込みを入れてアイロンで割る。

8-2） はき口で半分に折り、はき口と底側をミシンで縫う。

8-3） はき口にゴムテープを入れ、両端から1cm出してミシンで縫いとめる。

9．アッパーの前と後ろを縫い合わせる

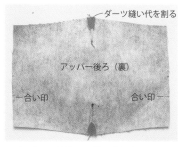

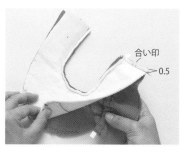

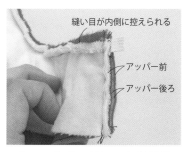

9-1） アッパー前の表布と裏地を中表にして合い印を合わせ、表布を折る。

9-2） アッパー前の表布と裏地の間に、アッパー後ろをはさむようにして縫い代0.5cmで縫う。

9-3） アッパー前の裏地のほうが幅が狭いので、履いたときに縫い目が内側に控えられる。

9-4） 反対側も同様に縫う。

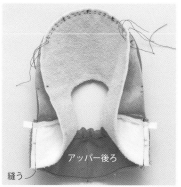

9-5） アッパーのサイドをぐし縫い終りからはぎ目まで縫う。

１０．アッパーと外底を縫い合わせる

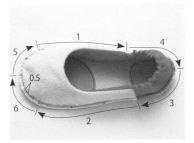

10-1） アッパーと外底を中表に合わせ、合い印をまち針でとめる。つま先は、ぐし縫いの糸を引いていせながら、つま先の丸みを出す。

10-2） 番号順に外回りを縫い代0.5cmで縫う。ぐし縫いの糸を取る。

１１．中底を縫い合わせる

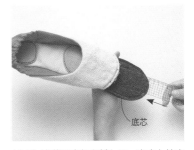

11-1） 外底をつけたアッパーの上に中底を重ね、合い印をまち針でとめる。

11-2） 合い印をすべてまち針でとめる。

11-3） つま先部分を15cmくらい残し、外回りを縫い代0.5cmで縫う。

１２．仕上げ

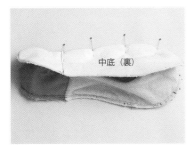

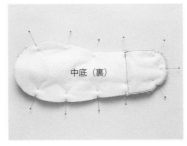

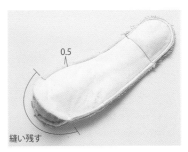

12-1） つま先からアッパーを引き出すようにして、表に返す。

12-2） 表に返したところ

12-3） 底芯に定規を挿して、中底と外底の間に差し込む。

12-4） 手でよくもんでなじませ、つま先をかがり縫いでとじる。

12-5） 表に返す。ワックスコードを適当な長さに切って結び、アッパーの好きな位置に縫いとめる。

出来上り

Type A-1

レースアップシューズ・アレンジ レースアップシューズ

woman P.6 / kid P.7

材　料

【woman】size22 〜 24
・アッパー：フェルト　3mm厚　60×50cm
・底用革：ベロア革　16×20cm
・麻手縫い糸　中細　適量
・刺繍糸　25番　適量
・手縫い糸　適量
・ワックスコード丸　直径2mm　90cm

【kid】size17, 19
・アッパー：フェルト　3mm厚　45×45cm
・底用革：ベロア革　14×15cm
・麻手縫い糸　中細　適量
・刺繍糸　25番　適量
・手縫い糸　適量
・革ボタン　直径2.1cm　4個
・カラーゴム　黒　中細　約20cm

裁合せ図

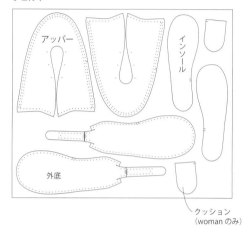

フェルト

ベロア革

底用革

アッパー

インソール

外底

クッション（womanのみ）

Point

☑ ソールもフェルトで作るので、滑り止めのために、底用革を縫いつけます。底用革の作り方やつけ方は、**Type-C basic**（P.38）と同様です。

☑ フェルトどうしを縫うのは、麻糸ではなく刺繍糸を使います。

☑ kidのインソールにはかかととのクッションはつけません。

☑ その他は、**A-basic**（P.32）と同様です。

作り方

1）ベロア革をカットして底用革を作る。
2）パターンを作り、針穴をあける。
3）フェルトを裁断し、針穴をあける。womanははき口のひも通しの穴を、kidはボタンのつけ位置も同様に。
4）外底に底用革をボンドではり、麻糸を2本どりにしてバック・ステッチで縫いつける。
5）かかとをはぎ合わせる。
6）アッパーと外底をブランケット・ステッチで縫い合わせる。糸は刺繍糸を6本どりにして縫う。
7）インソールを作って入れる。
8）womanはワックスコードを通す。kidはボタンをつけて、カラーゴムを輪にしてボタンにかける。

woman

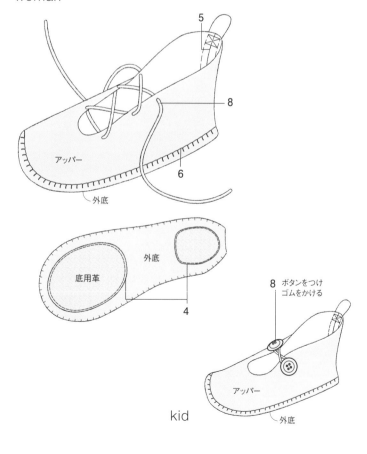

5

8

アッパー

6

外底

底用革

外底

4

8　ボタンをつけ　ゴムをかける

アッパー

外底

kid

Type A-2

フェルトと皮革の暖かフラットシューズ

woman P.8,9 / man P.9

材　料

【woman】 size22 ～ 24
・アッパー：フェルト　3mm厚　60×29cm
・外底：牛なめし革　中厚　25×42cm
・底芯：豚床革　21×28cm
・麻手縫い糸　太　適量
・手縫い糸　適量

【man】 size25 ～ 27
・アッパー：フェルト　3mm厚　69×32cm
・外底：牛なめし革　中厚　27×43cm
・底芯：豚床革　23×31cm
・麻手縫い糸　太　適量
・手縫い糸　適量

Point

☑ アッパーの形、はき口とつま先にステッチをする以外は、**A-basic**（P.32）と同様です。

☑ ステッチは、同じ方向に針を刺し、縫い目の向きがそろうようにするときれいです。

作り方

1）パターンを作り、針穴をあける。
2）外底の革をカットし、針穴をあける。
3）底芯の豚床革をカットし、外底にはる。
4）フェルトを裁断し、針穴をあける。はき口やつま先のステッチ（manのみ）の穴も同様。
5）つま先にステッチをする（manのみ）。
6）かかとをはぎ合わせる。
7）はき口にステッチをする。
8）アッパーと外底をブランケット・ステッチで縫い合わせる。
9）インソールを作って入れる。

裁合せ図

フェルト

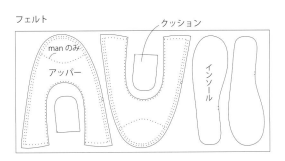

牛なめし革　　　　豚床革

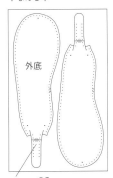

womanのみ
パターンを突き合わせる

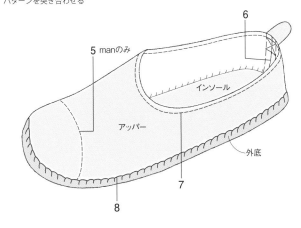

ステッチ

同じ方向に針を入れてステッチの向きがそろうようにするときれい。

行き →

帰り ←

Type A-3
ブーツ

woman P.10,11

材　料

size22〜24

・アッパー、外底：牛なめし革　中厚
　　　　　　　　ベージュ　60×50cm
・筒：牛なめし革　中厚
　　　　　　　アイボリー　40×54cm
・底芯：豚床革　21×28cm
・インソール：フェルト　3mm厚　20×38cm
・麻手縫い糸　太　適量

Point

☑ アッパーのつま先部分とかかと部分は補強の
　 ため、共革の芯をはります。
☑ かかと芯の部分は芯をはってから針穴をあけ
　 るので、アッパーの革にペンなどでパターン
　 の針穴の印を写しておきます。
☑ アッパーと外底の縫合せ方や、インソールの
　 作り方は**A-basic**（P.32）と同様です。

作り方

1）パターンを作り、針穴をあける。
2）革を裁断し、針穴をあける。ただし、アッ
　 パーのかかと芯がつく部分の外回りとかかと
　 ステッチ部分には穴をあけず、印のみつけて
　 おく。
3）外底に底芯をはる。
4）アッパーのつま先部分に木工用ボンドで先芯
　 をはる。
5）かかと芯をはる。
6）かかと芯回りに針穴をあける。
7）かかと芯回りにステッチをする（P.43のはき
　 口のステッチと同様）。
8）筒とアッパーを縫い合わせる。7のステッチ
　 と同様。
9）筒の後ろの下側を2cmくらい7のステッチ
　 と同様に縫っておく。
10）アッパーと外底をブランケット・ステッチ
　　で縫い合わせる。
11）筒の後ろ側からはき口をステッチし、ス
　　リットのあき止りは糸を横に2、3回渡す。
12）フェルトでインソールを作って入れる。

裁合せ図

牛なめし革（ベージュ）

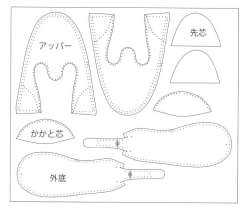

先芯

アッパー

かかと芯

外底

牛なめし革（アイボリー）

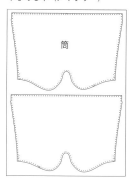

筒

フェルト

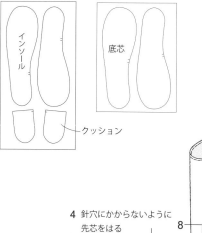

インソール

クッション

豚床革

底芯

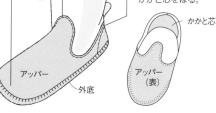

筒

4 針穴にかからないように
　 先芯をはる

先芯

アッパー
（裏）

8

アッパー

外底

5 かかとを突き合わせて、
　 かかと芯をはる。

かかと芯

アッパー
（表）

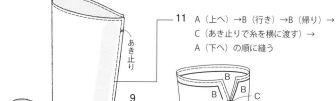

筒

あき止り

9

2くらい

7

10

11 A（上へ）→B（行き）→B（帰り）→
　 C（あき止りで糸を横に渡す）→
　 A（下へ）の順に縫う

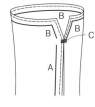

B
B　B
　　C

A

Type A-baby
ストラップシューズ
baby P.28

材　料

size13

- **アッパー**：フェルト　3mm厚　45×20cm
- **外底**：牛なめし革　中厚　19×25cm
- **底芯**：豚床革　15×15cm
- **麻手縫い糸　太　適量**
- **手縫い糸　適量**
- **ボタン　直径1.5cm　2個**
- **面ファスナー　1.4cm幅　約12cm**

Point

☑ インソールのクッションはつけません。
☑ 着脱がしやすいように、ストラップは面ファスナーでとめるようにします。
☑ アッパーのはき口の形が異なること以外は、**A-basic**（P.32）と同様です。

作り方

1）パターンを作り、針穴をあける。
2）外底の革をカットし、針穴をあける。
3）底芯の豚床革をカットし、外底にはる。
4）フェルトを裁断し、針穴をあける。ボタンやストラップのつけ位置も同様。
5）かかとをはぎ合わせる。
6）アッパーと外底をブランケット・ステッチで縫い合わせる。
7）ストラップをつける。
8）インソールを作って入れる。
9）ストラップとアッパーに面ファスナーを手縫い糸で縫いつけ、飾りボタンをつける。面ファスナーのソフト側をストラップにつける。

裁合せ図

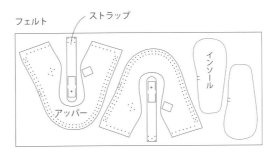

フェルト　ストラップ
インソール
アッパー

牛なめし革
外底

豚床革
底芯

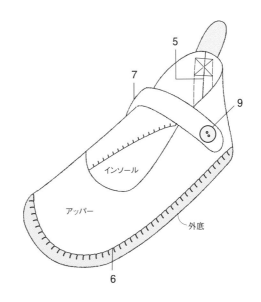

5
7
9
インソール
アッパー
外底
6

Type B-1

ピンドットのバックベルトシューズ

woman P.14

材　料

size22 ～ 24

・表布：水玉コットン　59×45cm
・裏布、中底：天竺　63×30cm
・芯：ネル　80×29cm
・接着芯　薄手の不織布のもの　42×21cm
・外底：合皮　24×30cm
・平ゴムテープ（ハード）　2.5cm幅　約50cm

Point

☑ 表アッパーは、接着芯にパターンを写して布にはってから裁断します。

☑ 裏アッパーにネルをはります。

☑ アッパーとソールの縫合せ方やソールの作り方は**B-basic**（P.35）と同様ですが、ソールの底芯はクッションをつけずにネルを2枚重ねて作ります。

☑ パイピング用のテープは表布でバイアステープを作ります。

☑ かかとに入れるゴムの長さは、かかと布の長さ −7cmです。

作り方

1）接着芯に表アッパーのパターンを油性ボールペンなどで写し、表布にはって裁断する。

2）天竺にネルをはり、裏アッパーのパターンを写して裁断する。

3）ネルを2枚はり合わせて底芯のパターンを写して裁断する。

4）かかと布と中底、外底（合皮）を裁断する。

5）表アッパーと裏アッパーを中表に合わせてはき口を縫い代0.5cmで縫い、縫い代に切込みを入れる。

6）かかと布を中表に折って縫い代0.5cmで縫って、表に返す。

7）かかと布にゴムテープを通し、ゴムテープとかかと布の端を合わせてミシンで縫う。

8）アッパーの表布と裏布の間にかかと布をはさんで縫い、アッパーを表に返しておく。

9）中底と底芯と外底を重ねてソールを作る。

10）表布でバイアステープを作る。

11）アッパーとソールを縫い合わせ、外回りをテープでパイピングする。

裁合せ図

■ 接着芯をはるところ　■ ネルをはるところ

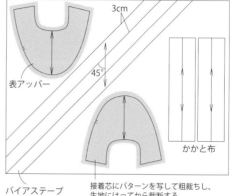

水玉コットン

3cm

45°

表アッパー

バイアステープ

接着芯にパターンを写して粗裁ちし、生地にはってから裁断する。

かかと布

合皮

外底

ネルを2枚はり合わせたもの

底芯

天竺

裏にネルをはって裁断

中底

裏アッパー

バイアステープの作り方

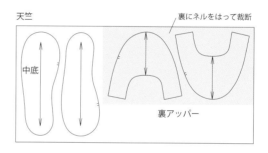

（表）　（裏）

3

→　割る　カット　（裏）　カット

→　1.5　0.7　0.7　（表）

アイロンで折る

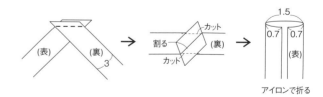

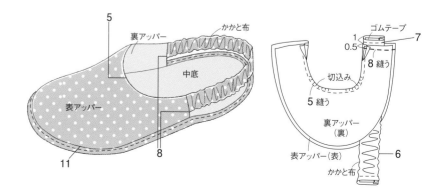

5

裏アッパー

かかと布

中底

表アッパー

11

8

ゴムテープ

1　7

0.5

8 縫う

切込み

5 縫う

裏アッパー（裏）

表アッパー（表）

かかと布

6

Type B-2
ギンガムチェックの後ろリボンシューズ
woman P.15

材　料

size22 〜 24

・**表布、中底**：リネンギンガム　85×30cm
・**裏布**：天竺　40×20cm
・**芯**：ネル　80×29cm
・**接着芯**　薄手の不織布のもの　62×30cm
・**外底**：合皮　24×30cm
・コットンバイアス織りテープ　1.5cm幅140cm

裁合せ図　　■ 接着芯をはるところ　　□ ネルをはるところ

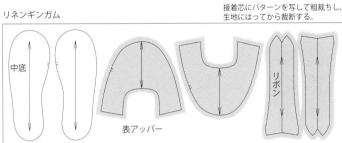

リネンギンガム

接着芯にパターンを写して粗裁ちし、生地にはってから裁断する。

中底　　表アッパー　　リボン

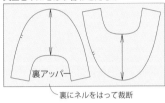  

天竺とネルをはり合わせたもの

裏アッパー

裏にネルをはって裁断

ネルを2枚
はり合わせたもの

底芯

合皮

外底

Point

☑ 表アッパーとリボンは、接着芯にパターンを
写して布にはってから裁断します。
☑ 裏アッパーにネルをはります。
☑ アッパーとソールの縫合せ方やソールの作り
方は**B-basic**（P.35）と同様ですが、ソールの
底芯はクッションをつけずにネルを2枚重ねて
作ります。

作り方

1）接着芯に表アッパーとリボンのパターンを油
性ボールペンなどで写す。
2）リネンに1の接着芯をはり、表アッパーとリ
ボンを裁断する。
3）天竺にネルをはり、裏アッパーのパターンを
写して裁断する。
4）ネルを2枚はり合わせて底芯のパターンを写
して裁断する。
5）中底と外底（合皮）を裁断する。
6）表アッパーと裏アッパーを中表に合わせては
き口を縫い代0.5cmで縫い、縫い代に切込み
を入れる。
7）リボンを中表に折り、縫い代0.5cmで縫って
表に返す。
8）アッパーの表布と裏布の間にリボンをはさん
で縫い、アッパーを表に返しておく。
9）中底と底芯と外底を重ねてソールを作る。
10）アッパーとソールを縫い合わせ、外回りを
テープでパイピングする。

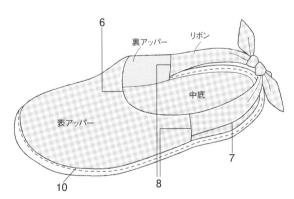

6　　裏アッパー　　リボン

中底

表アッパー

10　　8　　7

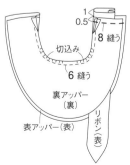

1
0.5

8 縫う

切込み

6 縫う

裏アッパー
（裏）

表アッパー（表）

リボン
（表）

Type B-3, baby
パイピングのオープントゥシューズ
woman P.16 / baby P.29

材　料

【woman】size22 〜 24
- **表布、裏布、中底**：
  リネンシャンブレー　58×58cm
- **芯**：ネル　86×29cm
- **接着芯**　薄手の不織布のもの　48×30cm
- **外底**：牛なめし革　24×30cm
- **バイアス両折りテープ**　1.5cm幅　約270cm
- **はと目かん**　内径5mm　4組み

【baby】size14
- **表布、裏布、中底**：
  リネンシャンブレー　52×39cm
- **芯**：ネル　75×19cm
- **接着芯**　薄手の不織布のもの　44×20cm
- **外底**：牛なめし革　19×19cm
- **バイアス両折りテープ**　1.5cm幅　約220cm
- **はと目かん**　内径5mm　4組み

Point
- ☑ 表アッパーは、接着芯にパターンを写して布にはってから裁断します。
- ☑ 裏アッパーにネルをはります。
- ☑ アッパーとソールの縫合せ方やソールの作り方は**B-basic**（P.35）と同様ですが、ソールの底芯はクッションをつけずにネルを2枚重ねて作ります。

裁合せ図　　　▨ 接着芯をはるところ　　▨ ネルをはるところ

リネンシャンブレー

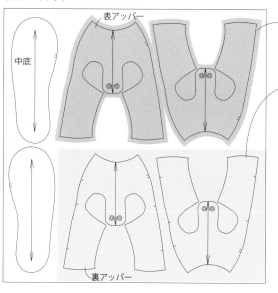

表アッパー

中底

接着芯にパターンを写して粗裁ちし、生地にはってから裁断する。

裏にネルをはって裁断

裏アッパー

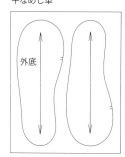

牛なめし革

外底

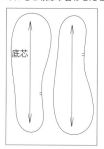

ネルを2枚はり合わせたもの

底芯

作り方

1） 接着芯に表アッパーのパターンを油性ボール
　　ペンなどで写す。
2） リネンに1の接着芯をはり、表アッパーを裁
　　断する。
3） リネンにネルをはり、裏アッパーのパターン
　　を写して裁断する。
4） ネルを2枚はり合わせて底芯のパターンを写
　　して裁断する。
5） 中底と外底（革）を裁断する。
6） 表アッパーと裏アッパーを中表に合わせては
　　き口を縫い代0.5cmで縫う。
7） カーブの縫い代に切込みを入れて表に返し、
　　端から0.5cmのところをステッチする。
8） かかとを縫い代0.5cmで縫い合わせる。
9） つま先をバイアステープでパイピングする。
10） テープの端を約21cm（babyは19cm）残す
　　ようにして、かかとのはき口をパイピング
　　する。テープの端は折り込み、残した部分
　　もステッチをかける。
11） 中底と底芯と外底を重ねてソールを作る。
12） アッパーとソールを縫い合わせ、外回りを
　　テープでパイピングする。
13） はと目かんをつけて、テープを通す。

バイアステープのパイピングのしかた

1　テープを開いて布端と
　合わせ、端から0.7cm
　のところを縫う。

2　テープでくるんで際に
　ステッチをかける。

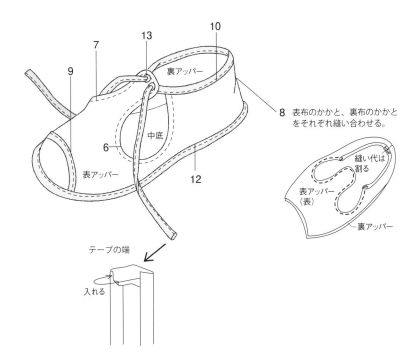

8　表布のかかとと、裏布のかかと
　をそれぞれ縫い合わせる。

Type C-1
別珍のバレエシューズ
woman P.20

材　　料

size22 〜 24
- 表布：別珍　84×25cm
- 裏布：天竺　42×24cm
- 中底：コットンプリント　24×30cm
- 芯：ネル　66×30cm
- 接着芯　薄手の不織布のもの　90×65cm
- 底用革：牛なめし革　16×20cm
- 外底：ソフトデニム　24×30cm
- 底芯：フェルト　3mm厚　38×28cm
- 麻手縫い糸　太　約4.5m
- ソフトゴムテープ　10コール
  長さはサイズ別に63ページに記載
- グログランリボン　0.8cm幅　46cm

Point
☑ 裏地は天竺とネル、中底はかかと用布はつけ
ずにコットンプリントとネルをはり合わせて
作ります。その他は**C-basic**（P.38）と同様です。

作り方
1）底用革を作る。
2）天竺とコットンプリントにネルをはり合わせ
　て裏地と中底用布を作る。
3）表アッパーと裏アッパーと中底、外底のパター
　ンを接着芯に写し、それぞれの生地にはって
　裁断する。
4）外底に底用革を縫いつける。
5）フェルトを2枚縫い合わせて芯を作る。
6）アッパーを作る。
7）アッパーと外底を縫い合わせる。
8）中底を縫い合わせて表に返し、底芯を差し込
　み、仕上げる。
9）グログランリボンを結んで縫いつける。

裁合せ図　　　　▨ 接着芯をはるところ

別珍　　　　　　　　　　　　　　接着芯にパターンを写して粗裁ちし、
　　　　　　　　　　　　　　　　生地にはってから裁断する。

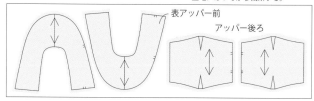

表アッパー前
アッパー後ろ

天竺とネルをはり合わせたもの　　　コットンプリントとネルを
　　　　　　　　　　　　　　　　　はり合わせたもの

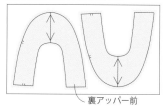

裏アッパー前

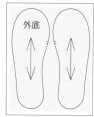

中底

ソフトデニム　　　　　フェルト

外底

底芯
2枚

牛なめし革

底用革

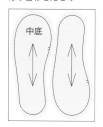

8

6

裏アッパー

9

中底

アッパー後ろ

表アッパー

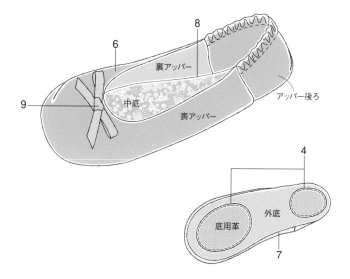

4

底用革　　外底

7

50

Type C-2

ソレイアードのスリットシューズ

woman P.21

材　料

size22 〜 24

- **表布**：ソレイアード　青　84×25cm
- **中底**：ソレイアード　白　24×30cm
- **裏布**：パイル　42×24cm
- **芯**：ネル　66×30cm
- **接着芯**　中厚〜厚手の不織布のもの
  90×65cm
- **底用革**：ベロア革　16×20cm
- **外底**：8〜10オンスデニム　24×30cm
- **底芯**：フェルト　3mm厚　38×28cm
- **麻手縫い糸**　太　約4.5m
- **ソフトゴムテープ**　10コール
  長さはサイズ別に63ページに記載

Point

☑ 裏地はパイルとネル、中底はかかと用布はつけずにソレイアード白とネルをはり合わせて作ります。その他は**C-basic**（P.38）と同様です。

作り方

1）底用革を作る。
2）パイルとソレイアード白にネルをはり合わせて裏地と中底用布を作る。
3）表アッパーと裏アッパーと中底、外底のパターンを接着芯に写し、それぞれの生地にはって裁断する。
4）外底に底用革を縫いつける。
5）フェルトを2枚縫い合わせて底芯を作る。
6）アッパーを作る。
7）アッパーと外底を縫い合わせる。
8）中底を縫い合わせて表に返し、底芯を差し込み、仕上げる。

裁合せ図

🔲 接着芯をはるところ

ソレイアード（青）

接着芯にパターンを写して粗裁ちし、生地にはってから裁断する。

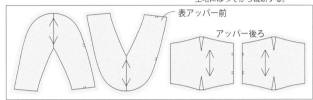

表アッパー前　アッパー後ろ

パイルとネルをはり合わせたもの

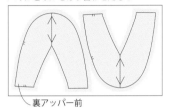

裏アッパー前

ソレイアード（白）とネルをはり合わせたもの

中底

デニム

外底

フェルト

底芯2枚

ベロア革

底用革

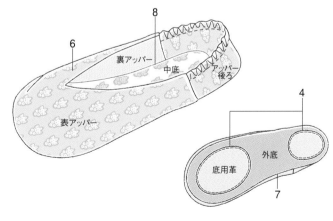

8
6
裏アッパー　中底　アッパー後ろ
表アッパー

4
底用革　外底
7

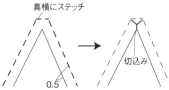

真横にステッチ

Vカットの縫い方

0.5　切込み

51

Type C-3
リネンのフラットシューズ

woman P.22,23 / man P.22

材　料

【woman】size22 〜 24
- ・表布：リネン　84×25cm
- ・裏布：パイル　42×24cm
- ・中底：コットンプリント　24×30cm
- ・芯：ネル　66×30cm
- ・接着芯：中厚〜厚手の不織布のもの　90×65cm
- ・底用革：ベロア革　16×20cm
- ・外底：8〜10オンスデニム　24×30cm
- ・底芯：フェルト　3mm厚　38×28cm
- ・麻手縫い糸　太　約4.5m
- ・ソフトゴムテープ　10コール
　　長さはサイズ別に63ページに記載

【man】size25 〜 27
- ・表布：リネン　90×26cm
- ・裏布：パイル　46×26cm
- ・中底：キッチンクロス　ストライプ　26×33cm
- ・芯：ネル　72×33cm
- ・接着芯：中厚〜厚手の不織布のもの　90×75cm
- ・底用革：ベロア革　18×22cm
- ・外底：8〜10オンスデニム　27×32cm
- ・底芯：フェルト　3mm厚　42×30cm
- ・麻手縫い糸　太　約5m
- ・ソフトゴムテープ　10コール
　　長さはサイズ別に55ページに記載

裁合せ図　　　　　▨　接着芯をはるところ

接着芯にパターンを写して粗裁ちし、
生地にはってから裁断する。

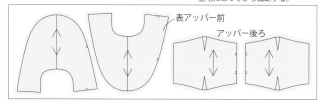

リネン　表アッパー前　アッパー後ろ

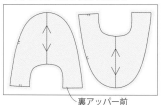

パイルとネルをはり合わせたもの

コットンプリントとネルを
はり合わせたもの

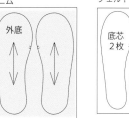

裏アッパー前

中底

デニム　外底

フェルト　底芯 2枚

ベロア革　底用革

Point

☑ 裏地はパイルとネル、中底はかかと布はつけず
にコットンプリントとネルをはり合わせて作り
ます。その他はC-basic（P.38）と同様です。

作り方

1）底用革を作る。
2）パイルとコットンプリントにネルをはり合わせる。
3）表アッパーと裏アッパーと中底、外底のパターンを
　　接着芯に写し、それぞれの生地にはって裁断する。
4）外底に底用革を縫いつける。
5）フェルトを2枚縫い合わせて底芯を作る。
6）アッパーを作る。
7）アッパーと外底を縫い合わせる。
8）中底を縫い合わせて表に返し、底芯を差し込み、
　　仕上げる。

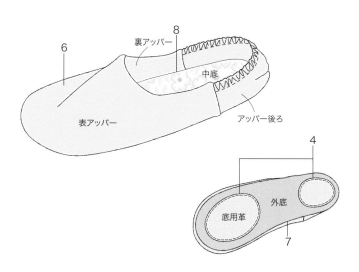

裏アッパー　中底　表アッパー　アッパー後ろ　底用革　外底

Type C-4
ストライプのスリッパ
woman, kid　P.24,25

材　　料

【woman】size22〜24
- 表布：リネンストライプ　46×32cm
- 裏布：天竺　69×32cm
- 芯：ネル　69×32cm
- 接着芯　中厚〜厚手の不織布のもの
  70×64cm
- 底用革：ベロア革　16×20cm
- 外底：8〜10オンスデニム　24×30cm
- 底芯：フェルト　3mm厚　38×28cm
- 麻手縫い糸　太　約4.5m

【kid】size15〜21
- 表布：リネンストライプ　45×29cm
- 裏布：天竺　65×29cm
- 芯：ネル　65×29cm
- 接着芯　中厚〜厚手の不織布のもの
  68×58cm
- 底用革：ベロア革　15×16cm
- 外底：8〜10オンスデニム　23×26cm
- 底芯：フェルト　3mm厚　36×25cm
- 麻手縫い糸　太　約4m

裁合せ図　　▨ 接着芯をはるところ

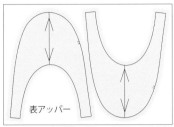

リネンストライプ

表アッパー

接着芯にパターンを写して粗裁ちし、
生地にはってから裁断する。

デニム

外底

ベロア革

底用革

天竺とネルをはり合わせたもの

裏アッパー

中底

フェルト

底芯
2枚

Point
☑ アッパーが一枚のパターンで構成されています。その他はC-basic（P.38）と同様です。

作り方

1）底用革を作る。
2）天竺とネルをはり合わせて裏地を作る。
3）表アッパーと裏アッパーと中底、外底のパターンを接着芯に写し、それぞれの生地にはって裁断する。
4）外底に底用革を縫いつける。
5）フェルトを2枚縫い合わせて底芯を作る。
6）表アッパーと裏アッパーをそれぞれ、かかとを縫い代0.5cmで縫い合わせる。
7）表アッパーと裏アッパーを中表に合わせて、はき口を縫い代0.5cmで縫い、はき口前側の縫い代に切込みを入れて表に返す。
8）アッパーと外底を縫い合わせる。
9）中底を縫い合わせて表に返し、底芯を差し込み、仕上げる。

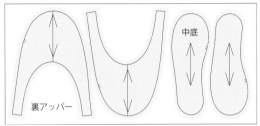

裏アッパー　9

中底　6

表アッパー

7

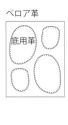

4

底用革　外底

8

アッパーの縫合せ方

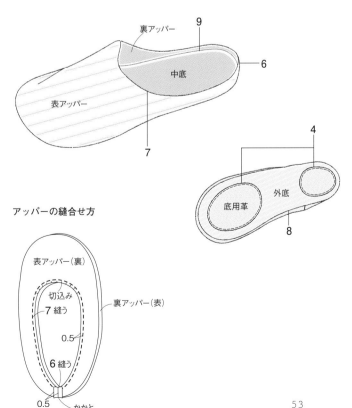

表アッパー（裏）

切込み
7 縫う

0.5

裏アッパー（表）

6 縫う

0.5

0.5

かかと
縫い代は割る

Type C-5
スモッキングのスリッパ
kid P.26,27

材　料

size15 〜 21
・表布：リネンギンガム　90×30cm
・裏布：パイル　65×29cm
・芯：ネル　65×29cm
・接着芯　中厚〜厚手の不織布のもの
　68×58cm
・底用革：ベロア革　15×16cm
・外底：8〜10オンスデニム　23×26cm
・底芯：フェルト　3mm厚　36×25cm
・麻手縫い糸　太　約4m

Point

☑ アッパーが一枚のパターンで構成されています。アッパーの縫い方はP.53と同様。
☑ アッパーの表布はダイヤモンド・スモッキングを施してから、パターンを写した接着芯をはって裁断します。1段めと2段めのスモッキングの間にパターンのスモッキング位置がくるようにします。
☑ その他はC-basic（P.38）と同様です。

作り方

1）底用革を作る。
2）パイルとネルをはり合わせて裏地を作る。
3）表布にダイヤモンド・スモッキング（2段）をする。
4）表アッパーと裏アッパーと中底、外底のパターンを接着芯に写し、それぞれの生地にはって裁断する。
5）外底に底用革を縫いつける。
6）フェルトを2枚縫い合わせて底芯を作る。
7）表アッパーと裏アッパーをそれぞれ、かかとを縫い代0.5cmで縫い合わせる。
8）表アッパーと裏アッパーを中表に合わせて、はき口を縫い代0.5cmで縫い、はき口前側の縫い代に切込みを入れて表に返す。
9）アッパーと外底を縫い合わせる。
10）中底を縫い合わせて表に返し、底芯を差し込み、仕上げる。

裁合せ図　　　　　　接着芯をはるところ

リネンギンガム

表アッパー

接着芯にパターンを写して粗裁ちし、
生地にはってから裁断する。

スモッキング位置

デニム

外底

フェルト

底芯
2枚

パイルとネルをはり合わせたもの

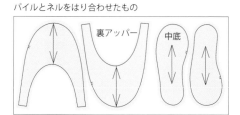

裏アッパー

中底

ベロア革

底用革

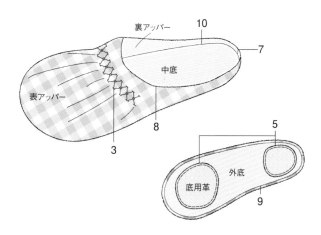

裏アッパー

中底

表アッパー

10

7

8

3

底用革

外底

5

9

ダイヤモンド・スモッキング（2段）

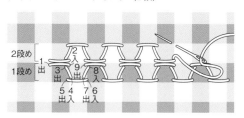

2段め
1段め

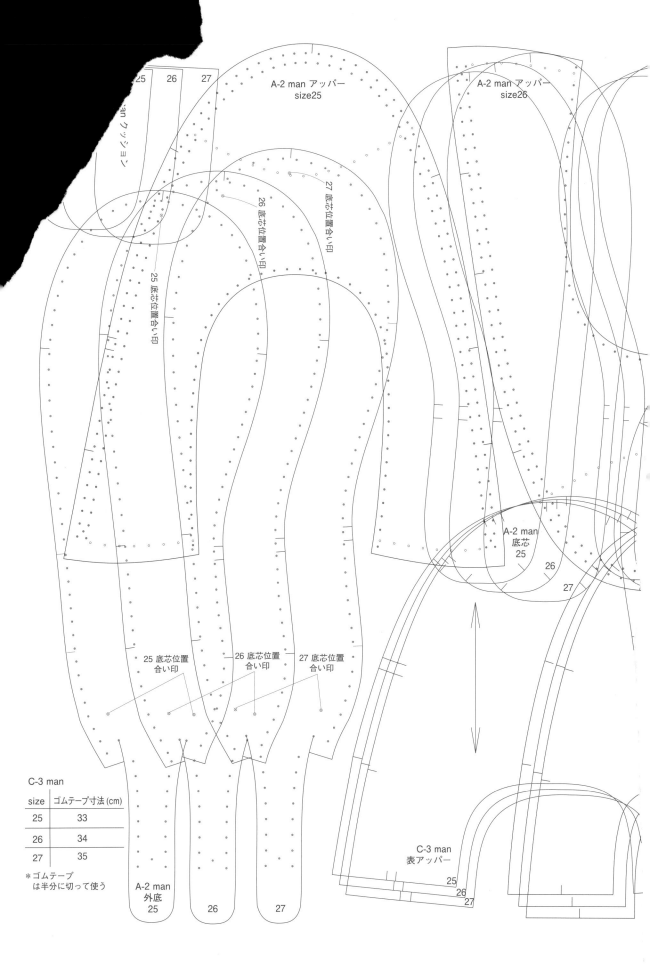

A-2 man アッパー
size25

A-2 man アッパー
size26

25 26 27

an クッション

27 底芯位置合い印

26 底芯位置合い印

25 底芯位置合い印

A-2 man
底芯
25

26

27

25 底芯位置
合い印

26 底芯位置
合い印

27 底芯位置
合い印

C-3 man
表アッパー

25
26
27

C-3 man	
size	ゴムテープ寸法 (cm)
25	33
26	34
27	35

＊ゴムテープ
は半分に切って使う

A-2 man
外底
25

26

27

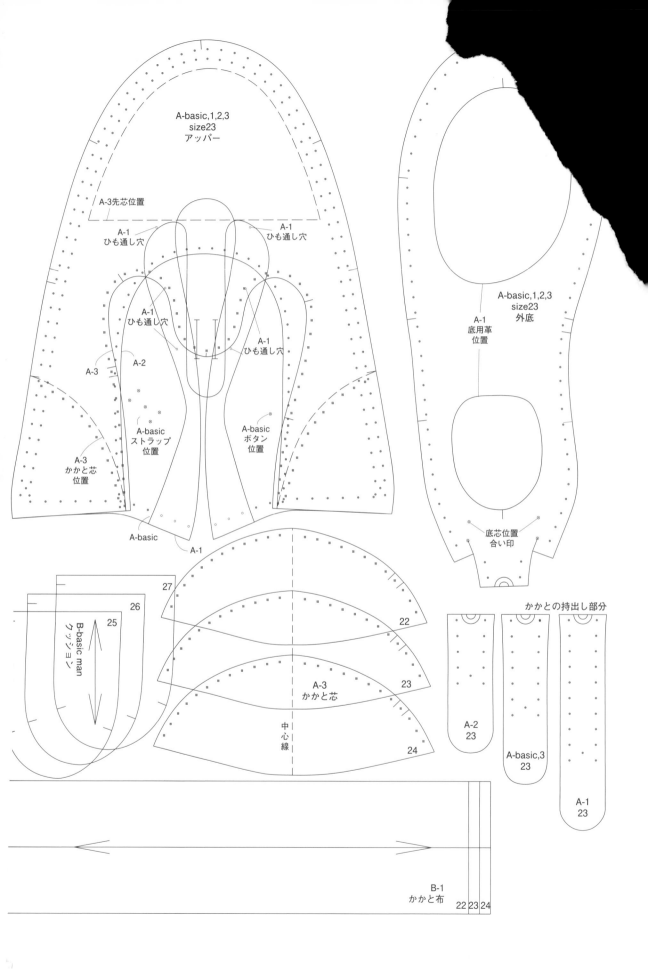

A-basic,1,2,3
size23
アッパー

A-3先芯位置

A-1
ひも通し穴

A-1
ひも通し穴

A-1
ひも通し穴

A-1
ひも通し穴

A-2

A-3

A-basic
ストラップ
位置

A-basic
ボタン
位置

A-3
かかと芯
位置

A-basic

A-1

A-basic,1,2,3
size23
外底

A-1
底用革
位置

底芯位置
合い印

B-basic man
クッション

27

26

25

22

23

24

A-3
かかと芯

中
心
線

かかとの持出し部分

A-2
23

A-basic,3
23

A-1
23

B-1
かかと布

22 23 24

Pattern

200%に拡大して使います
＊パターンの使い方は P.67

■ woman A, B
■ man B

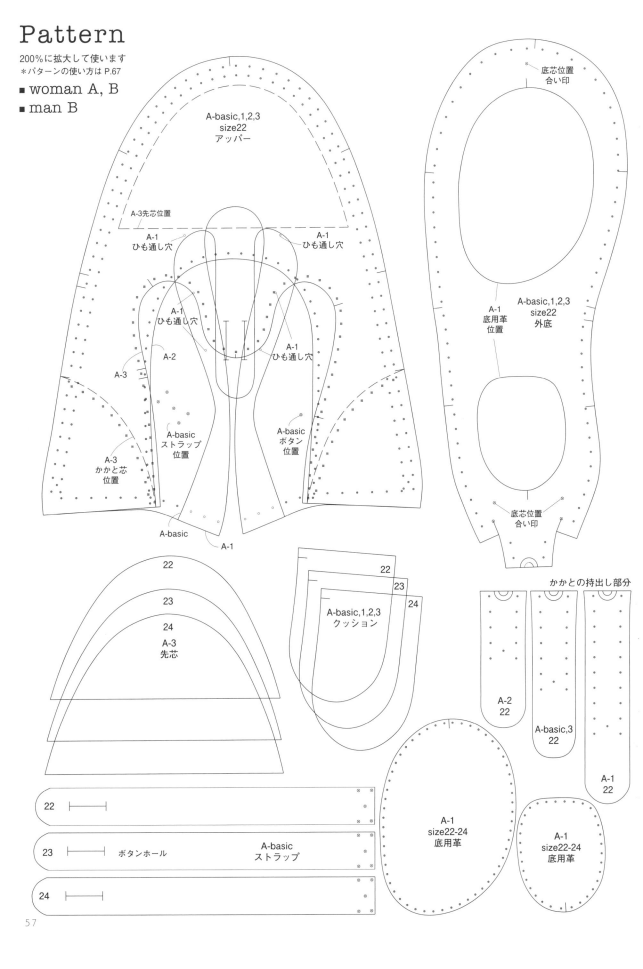

A-basic,1,2,3
size22
アッパー

A-3先芯位置

A-1
ひも通し穴

A-1
ひも通し穴

A-1
ひも通し穴

A-2

A-3

A-1
ひも通し穴

A-3
かかと芯
位置

A-basic
ストラップ
位置

A-basic
ボタン
位置

A-basic

A-1

底芯位置
合い印

A-1
底用革
位置

A-basic,1,2,3
size22
外底

底芯位置
合い印

かかとの持出し部分

22
23
24
A-3
先芯

22
23
24
A-basic,1,2,3
クッション

A-2
22

A-basic,3
22

A-1
22

22

23　ボタンホール　　　A-basic
　　　　　　　　　　　ストラップ

24

A-1
size22-24
底用革

A-1
size22-24
底用革

57

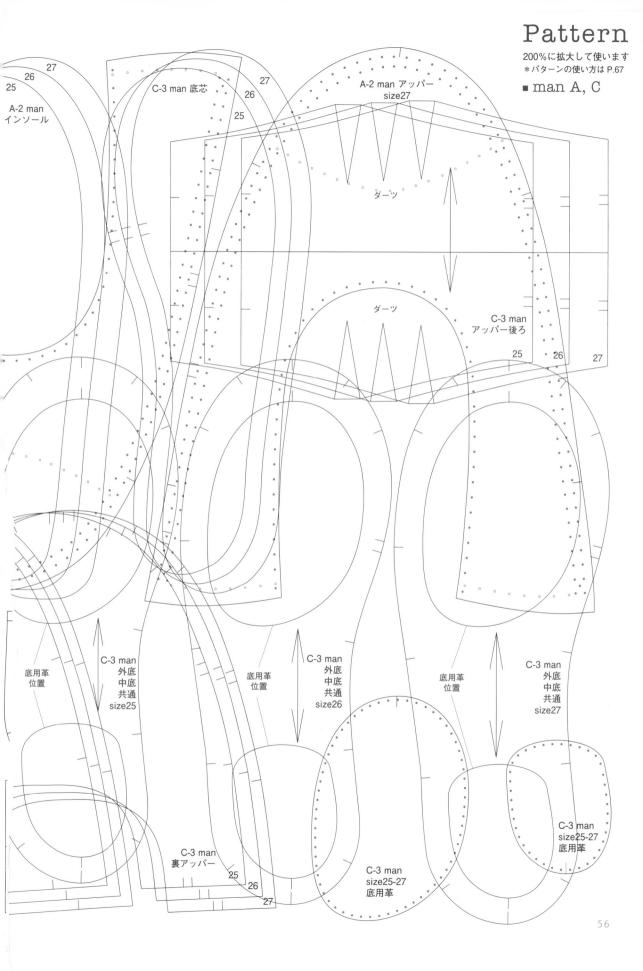

A-2 man
インソール

C-3 man 底芯

A-2 man アッパー
size27

ダーツ

ダーツ

C-3 man
アッパー後ろ

底用革
位置

C-3 man
外底
中底
共通
size25

底用革
位置

C-3 man
外底
中底
共通
size26

底用革
位置

C-3 man
外底
中底
共通
size27

C-3 man
裏アッパー

C-3 man
size25-27
底用革

C-3 man
size25-27
底用革

Pattern

200%に拡大して使います
＊パターンの使い方は P.67

- woman B, C
- man B

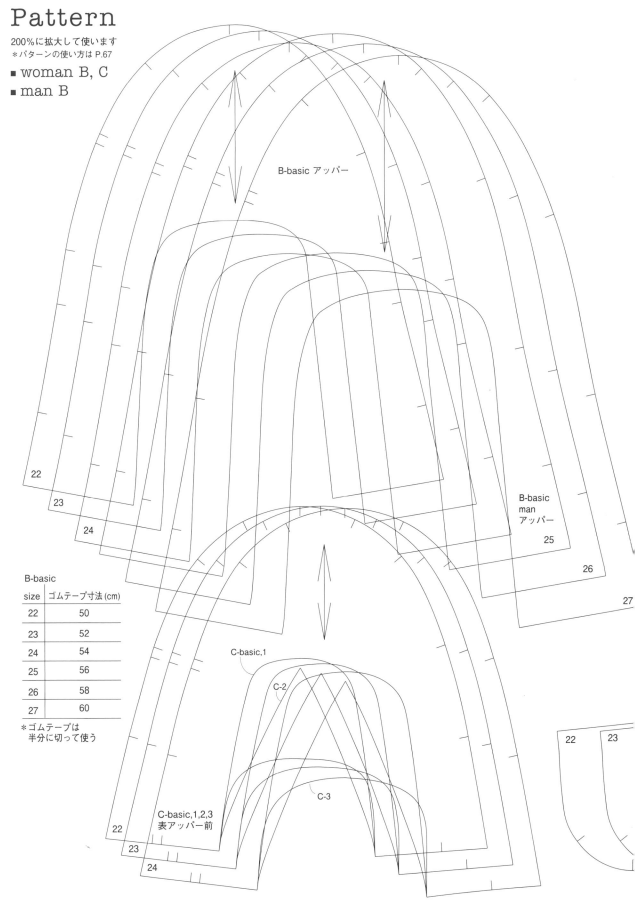

B-basic アッパー

B-basic
man
アッパー

B-basic

size	ゴムテープ寸法(cm)
22	50
23	52
24	54
25	56
26	58
27	60

＊ゴムテープは
半分に切って使う

C-basic,1

C-2

C-3

C-basic,1,2,3
表アッパー前

22

23

24

25

26

27

22

23

22

23

24

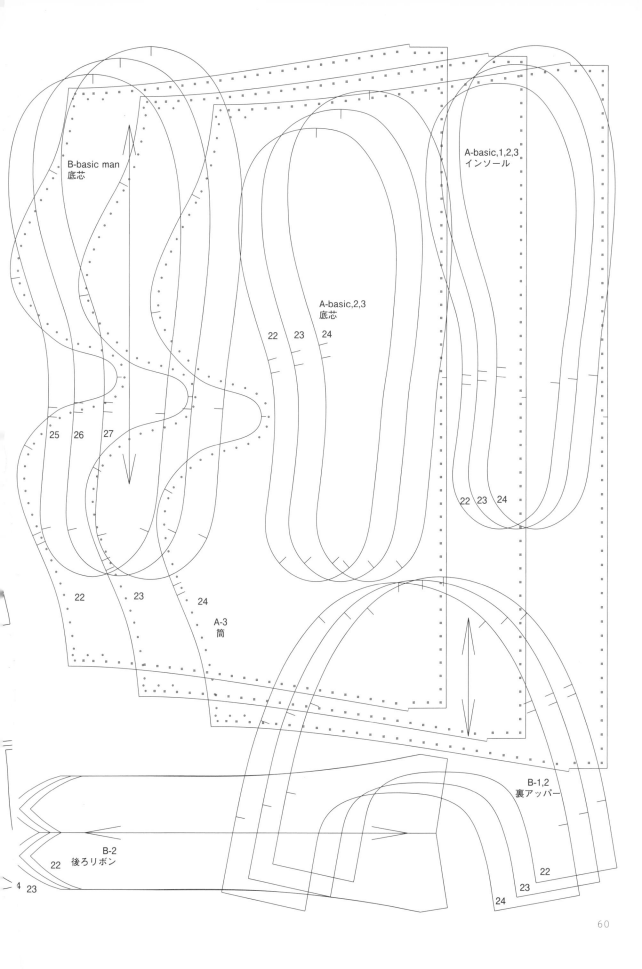

B-basic man
底芯

A-basic,1,2,3
インソール

A-basic,2,3
底芯

22 23 24

22 23 24

25 26 27

22   23   24

A-3
筒

B-1,2
裏アッパー

B-2
後ろリボン

22

22

4 23

23

24

Pattern

200%に拡大して使います
＊パターンの使い方は P.67

■ woman A, B
■ man B

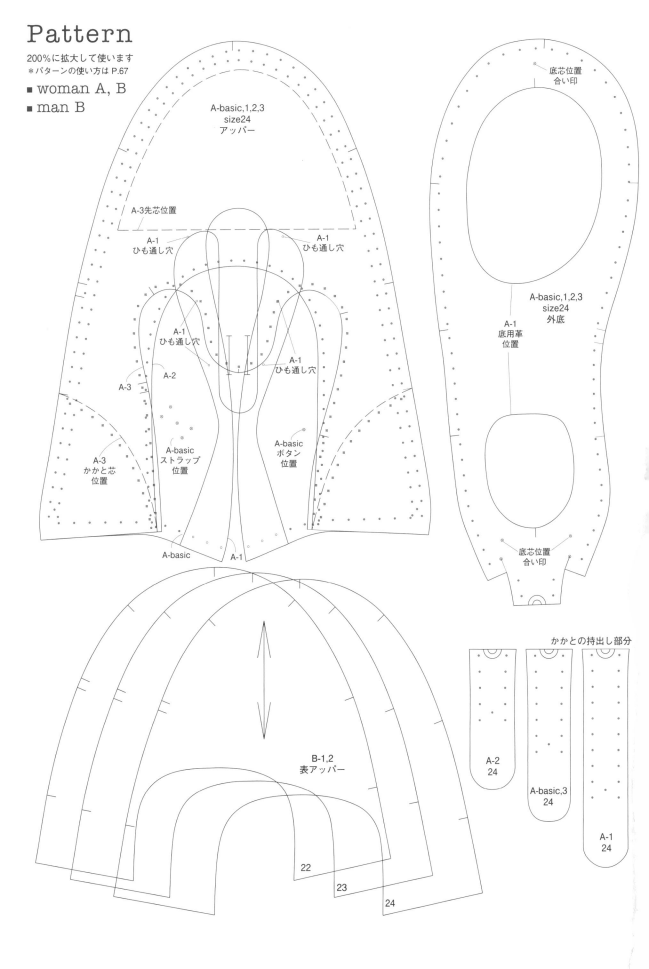

A-basic,1,2,3
size24
アッパー

A-3先芯位置

A-1
ひも通し穴

A-1
ひも通し穴

A-1
ひも通し穴

A-1
ひも通し穴

A-3

A-2

A-3
かかと芯
位置

A-basic
ストラップ
位置

A-basic
ボタン
位置

A-basic

A-1

底芯位置
合い印

A-basic,1,2,3
size24
外底

A-1
底用革
位置

底芯位置
合い印

B-1,2
表アッパー

22

23

24

かかとの持出し部分

A-2
24

A-basic,3
24

A-1
24

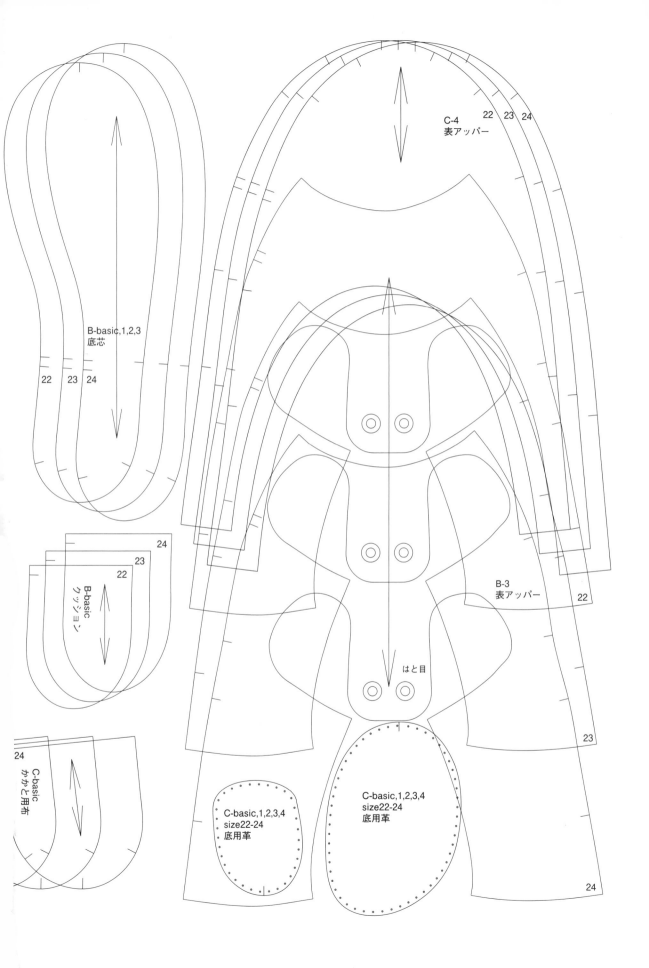

B-basic,1,2,3
底芯

22　23　24

C-4
表アッパー

22　23　24

B-basic
クッション

24
23
22

B-3
表アッパー

22

はと目

23

C-basic
かかと用布

24

C-basic,1,2,3,4
size22-24
底用革

C-basic,1,2,3,4
size22-24
底用革

24

Pattern

200%に拡大して使います
＊パターンの使い方は P.67

■ kid
■ baby

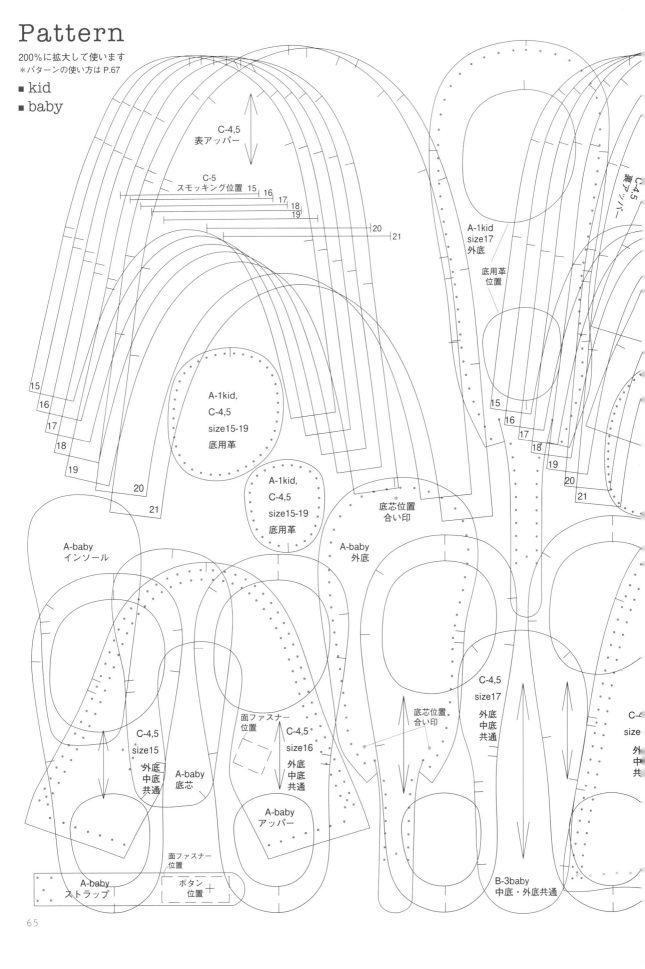

C-4,5
表アッパー

C-5
スモッキング位置 15 16
17
18
19
20 21

C-4,5
裏アッパー

A-1kid
size17
外底

底用革
位置

15
16
17
18
19
20
21

15
16
17
18
19
20
21

A-1kid,
C-4,5
size15-19
底用革

A-1kid,
C-4,5
size15-19
底用革

底芯位置
合い印

A-baby
外底

A-baby
インソール

C-4,5
size15

外底
中底
共通

A-baby
底芯

面ファスナー
位置

C-4,5
size16

外底
中底
共通

A-baby
アッパー

底芯位置
合い印

C-4,5
size17

外底
中底
共通

C-4,
size
外
中
共

A-baby
ストラップ

面ファスナー
位置

ボタン
位置

B-3baby
中底・外底共通

65

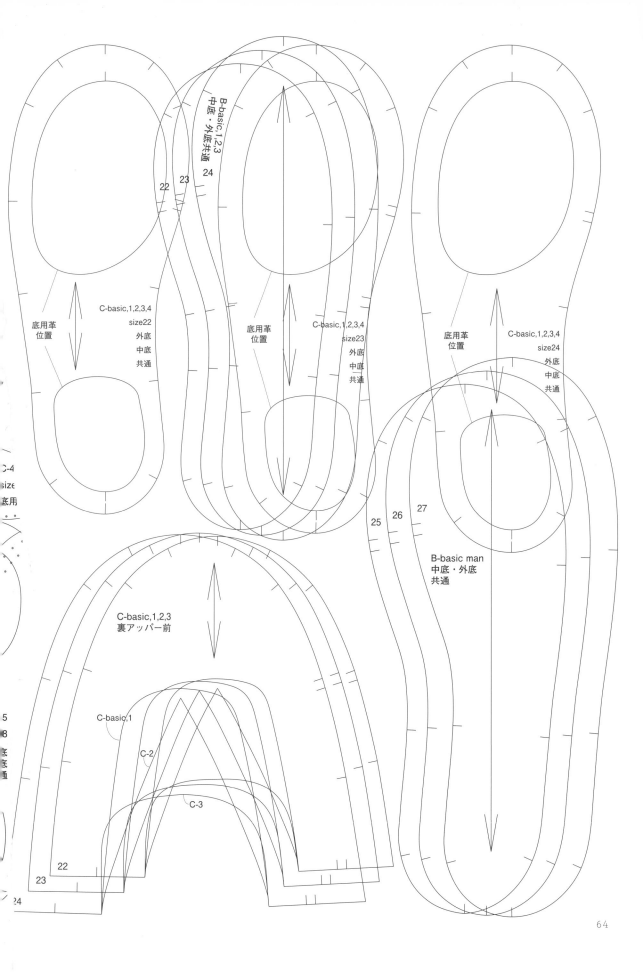

底用革
位置

C-basic,1,2,3,4
size22
外底
中底
共通

B-basic,1,2,3
中底・外底共通

22 23 24

底用革
位置

C-basic,1,2,3,4
size23
外底
中底
共通

底用革
位置

C-basic,1,2,3,4
size24
外底
中底
共通

C-4
size
底用

25 26 27

B-basic man
中底・外底
共通

5

8
底用
底用
通

C-basic,1,2,3
裏アッパー前

C-basic,1

C-2

C-3

22

23

24

Pattern

200%に拡大して使います
＊パターンの使い方は P.67

■ woman B, C
■ man B

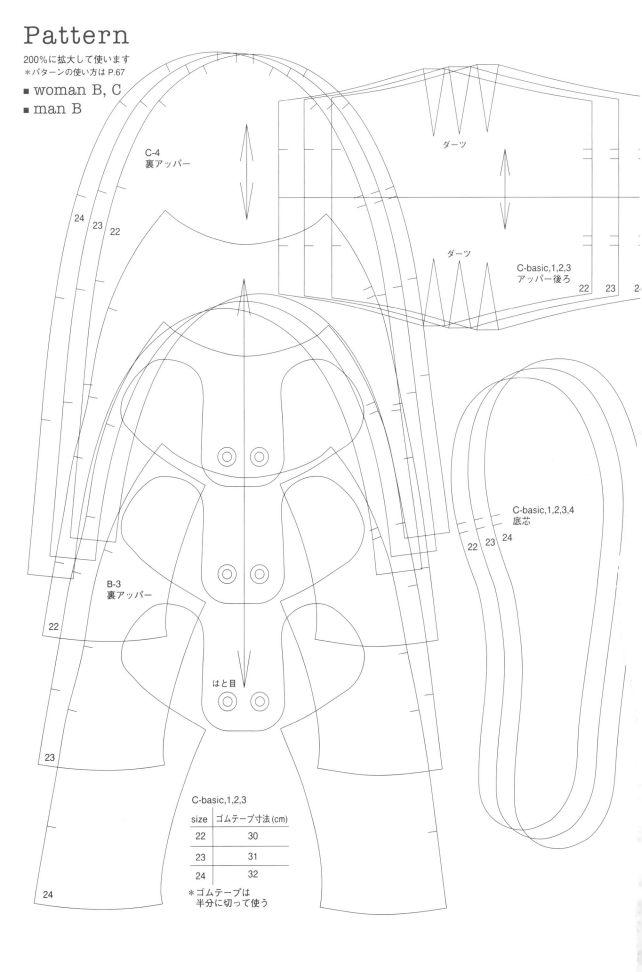

C-4
裏アッパー

ダーツ

ダーツ

C-basic,1,2,3
アッパー後ろ

24 23 22

22 23

C-basic,1,2,3,4
底芯

22 23 24

B-3
裏アッパー

22

23

はと目

24

C-basic,1,2,3	
size	ゴムテープ寸法 (cm)
22	30
23	31
24	32

＊ゴムテープは
半分に切って使う

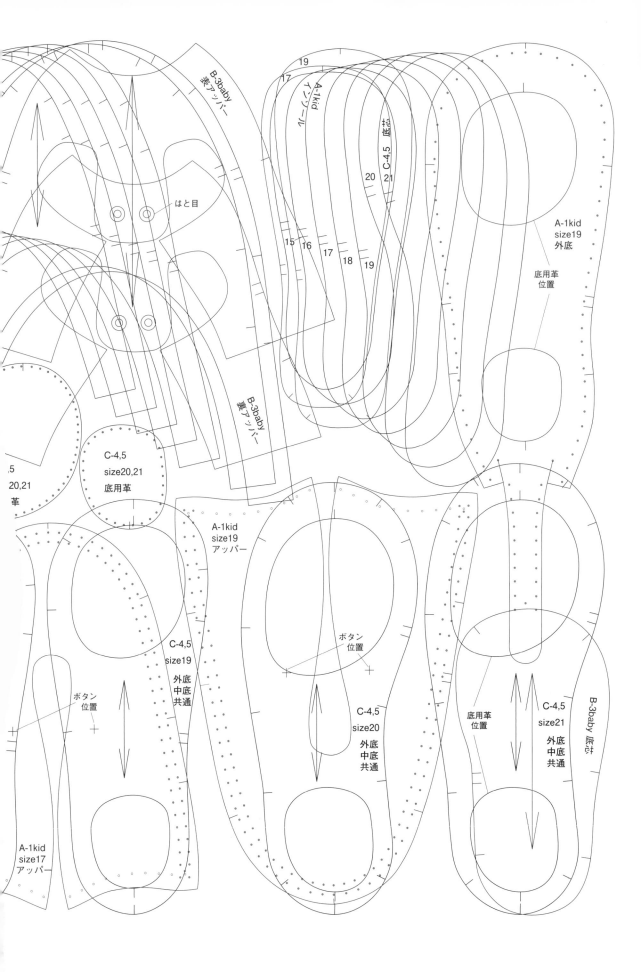

パターンの使い方・サイズについて

1 パターンの使い方

☑ 200%に拡大コピーします

パターンは実物大の1/2の大きさになっています。作りたいデザイン、サイズのパターンを200%に拡大コピーをしてください。

☑ 厚紙にはって使います

コピーしたパターンを厚紙にはり、カットして使います。パターンがしっかりとして生地に印がつけやすくなります。

☑ 縫い代がついています

パターンには縫い代が含まれています。パターンの外回りで生地をカットし、布端から縫い代分内側を縫います。縫い代は作り方の中で指示しています。

☑ TypeA は針穴の印がついています

TypeAのパターンには、ステッチの針穴の印がついています。パターンを厚紙にはった後、ポンチで穴をあけておきます。また、ボタンやストラップつけ位置、底芯位置などには、針穴と同じ記号の印があるので、同様に穴をあけておきます。

＊底芯位置の印は合い印になるので、革には穴はあけません。

☑ パターンの記号について

記号	名称	説明
⊥	合い印	合い印どうしを確認して合わせる
⊥⊥	内合い印	土踏まず側の印
↕	地の目	布の耳と平行の印
⊗ ◎ ⊠ ○	穴の印	ステッチなどの穴をあける印
⌶	ボタンホール	ボタンホールなどの切込みを入れるところ
⊚	突合せ	円になるようパターンを突き合わせてつなげる
△	ダーツ	三角形の2辺を合わせて縫う

2 サイズについて

下のサイズ表の出来上りサイズを参考にサイズを選んでください。幅はゆったりめにできています。
裸足や薄手の靴下で履く場合は、ふだん履いている靴のサイズで選んでください。
厚手の靴下で履く場合は、1つ上のサイズを選ぶといいでしょう（例：ふだん23.0のかたはsize23、23.5のかたはsize24）。

	size	適応サイズ(cm)
baby	13	13.0
	14	14.0
kid	15	15.0 ~ 15.5
	16	16.0 ~ 16.5
	17	17.0 ~ 17.5
	18	18.0 ~ 18.5
	19	19.0 ~ 19.5
	20	20.0 ~ 20.5
	21	21.0 ~ 21.5

	size	適応サイズ(cm)
woman	22	22.0 ~ 22.5
	23	23.0 ~ 23.5
	24	24.0 ~ 24.5
man	25	25.0 ~ 25.5
	26	26.0 ~ 26.5
	27	27.0 ~ 27.5

この本の製作を通して、
魅力的なかたがたとの出逢いがたくさんありました。

楽しいスタッフの皆さんを集めて現場の雰囲気を盛り上げ、
編集に尽力くださった、文化出版局の宮崎さん。
ほんとうにありがとうございました。

常に前向きな姿勢でわたしの背中を押し続け、
時には叱咤激励してくれるスミワークスのかけがえのないスタッフたち。
応援し励ましてくれる友人たち、どんな時も温かく見守ってくれる家族。

いま、たくさんの人々の想いをのせて
この本を世に送り出せることの幸福感に満たされています。
この本に携わってくださったすべてのかたがたに……
心から感謝しています。

坂内鏡子

坂内鏡子
（さかうち・きょうこ）

デザイン専門学校を卒業後、パターンナーとしてア
パレルメーカー勤務。その間「モゲワークショッ
プ」で靴作りを学ぶ。現在、ソーイングデザイナー、
パターンナーとしてオリジナル製品の製作、販売の
ほか、初心者でも簡単に完成度の高いもの作りがで
きることを目指して、手芸用キットの開発やワーク
ショップを行なっている、「スミワークス」主宰。

* ご紹介したルームシューズの材料の一部は取り寄
　せられます。詳しくはホームページをごらんくだ
　さい。
　スミワークス　http://www.summieworks.com

ブックデザイン　　　　平木千草
撮影　　　　　　　　　一之瀬ちひろ／下瀬成美（プロセス）
スタイリング　　　　　赤峰清香
モデル　　　　　　　　伊藤綾華

技術編集　　　　　　　小林安代
デジタルトレース　　　しかのるーむ
パターングレーディング　上野和博

製作協力　　　　　　　安田正美／志村弘美／佐藤 愛
　　　　　　　　　　　田中志保子／堀江雅子

材料提供
・アーリーズプリント
　　tel.03-3247-3086　http://www.earlysprint.com/
・クラフト社
　　tel.03-3393-2229　http://www.craftsha.co.jp
・コロニアルチェック白金店
　　tel.03-3449-4568　http://www.pennywise.co.jp
・サンウェル
・ダイニック
　　tel.03-5402-3140
・fog
　　tel.03-5432-5610　http://www.foglinenwork.com/
・フジトウ商事
　　0120-241054　http://www.fujitou.co.jp
・リネンバード
　　tel.03-5797-5517　http://www.linenbird.com

協力
・アコラート (p.15 クロス)
　　tel.03-3444-1075 http://www.akorat.net/index.html
・カンパーニュ (p.4 ブランケット　p.8、16、23 ソックス　p.19 マット　p.23 ブランケット)
　　tel.03-5720-3510　http://www.campagne.info/
・トレ コトン バーニーム浦和店 (p.11 ワンピース)
　　tel.048-611-8261　http://press.innocent.co.jp/
・ニーム代官山店 (p.18 ソックス　p.28 ストール)
　　tel.03-3463-0526　http://press.innocent.co.jp/
・Promenade (p.17、26 ブランケット　p.24 マット)
　　tel.0422-71-1826　http://www18.ocn.ne.jp/~prom/

ルームシューズの本
靴木型から作った 15 サイズのパターン

2008年12月21日　第1刷発行

著　者　　　坂内鏡子
発行者　　　大沼　淳
発行所　　　文化出版局
〒151-8524 東京都渋谷区代々木3−22−7
tel. 03-3299-2460(編集)　03-3299-2540(営業)
印刷・製本所　株式会社文化カラー印刷

©Kyoko Sakauchi 2008　Printed in Japan

お近くに書店がない場合、読者専用注文センターへ。
0120-463-464
ホームページhttp://books.bunka.ac.jp/